El país de las palabras rotas

The Land of Broken Words

MUSEO SALVAJE

Colección de poesía

Poetry Collection

WILD MUSEUM

Juan Esteban Londoño

EL PAÍS DE LAS PALABRAS ROTAS

THE LAND OF BROKEN WORDS

Traducción / Translation
Miguel Falquez-Certain

Prólogo / Foreword
Hugo Mujica

Epílogo / Epilogue
Alejandra Lerma

Nueva York Poetry Press LLC
128 Madison Avenue, Oficina 2NR
New York, NY 10016, USA
Teléfono: +1(929)354-7778
nuevayork.poetrypress@gmail.com
www.nuevayorkpoetrypress.com

LIBRO EN COEDICIÓN SIMULTÁNEA:
© Primera edición en Buenos Aires, 2019, Abisinia Editorial
© Primera edición en Bogotá: 2019, Editorial Escarabajo Ltda.

El país de las palabras rotas
The Land of Broken Words
© 2019, Juan Esteban Londoño

© Traducción: Miguel Falquez-Certain
© Prólogo: Hugo Mujica
© Epílogo: Alejandra Lerma

ISBN-13: 978-1-950474-05-9

© Colección Museo Salvaje vol. 12
(Homenaje a Olga Orozco)

© Concepto de colección: Marisa Russo

© Diseño de colección y cubierta:
William Velásquez Vásquez

© Fotos autor: Juliana Marín

Londoño, Juan Esteban
El país de las palabras rotas/ The Land of Broken Words / Juan Esteban Londoño. 1a edi-- New York: Nueva York Poetry Press, 2019. 156p. 5.25 x 8 inches

1. Poesía colombiana. 2. Poesía sudamericana. 3. Literatura latinoamericana.

Todos los derechos reservados. Esta publicación no puede ser reproducida, ni en todo ni en parte, ni registrada en o transmitida por, un sistema de recuperación de información, en electroóptico, por fotocopia, o cualquier otro, sin el permiso previo por escrito de la editorial, excepto en casos de citación breve en reseñas críticas y otros usos no comerciales permitidos por la ley de derechos de autor. Para solicitar permiso, contacte a la editora por correo electrónico: nuevayork.poetrypress@gmail.com.

Para Simona y Selene

Prólogo

Siempre hay una casa, un atrás, una partida del deseo: un destierro en forma de caravana de palabras: así este libro. Algo así hacia delante.

Ese después de lo roto, y lo intacto no es un anhelo porque algo nace cuando la lengua heredada se agota. Las palabras de la madre yacen y hay que viajar, andar y errar hacia el silencio y, allí, de pronto, se vuelve a sentir la antigüedad de los árboles, su callado decir, su temblor de hojas… Y se inhala hondo. El pecho se ensancha.

Hay un mundo que respira más allá o más antes del decir. Hay una brisa de palabras nuevas que se abren en esa intemperie del lenguaje que solamente muestra.

Londoño quiere una poesía que sea testimonio y lazarillo de ese tránsito.

Sus páginas, a veces, son palabras que juegan unas con otras, como si leerlas fuera asistir a ese flujo de comunicación, a ese misterioso vínculo que respiran entre sí.

Ese hálito, ese amén.

Hugo Mujica

FOREWORD

There is always a house, a back, a leaving of desire, a banishment in the form of a caravan of words: so is this book. It is something like that, going forward.

That thing after of what is broken, and what is left unbroken is not a yearning, because something is being born after the inherited language has been exhausted. The words of the mother lie down, and you must travel, walk, and go astray towards silence and, once there, suddenly, you feel once again the antiquity of the trees, their silent uttering, their shaking leaves... And you take a deep breath. Your chest opens up.

There is a world that breathes after or before the uttering. There is a breeze of new words opening up in this weathering of the language that only shows.

Londoño wants his poetry to be a testimony and a blind man's guide to that passage.

Sometimes, his pages are words that play with one another, as if reading them were to witness that flow of communication, that mysterious bond they breathe in from one another.

That breath, that amen.

HUGO MUJICA

*Frío y hostil soplaba un viento del Norte
sobre el campo aterido, y el país del
milagro, la patria entumecida por el frío,
se levantó hacia el éter.*

NOVALIS

*A nor'easter blew unkindly over the
rigid plain, and the wonderland first
froze, then evaporated into ether.*
NOVALIS

I
Mapas del frío

Maps of the Cold

1

Lejos de las palabras
que amamantó mi madre,
nace el destierro.

1

Far away from the words
That my mother nursed,
Exile is born.

2

Dejo atrás la última memoria,
y con ella mi piel antigua.
Ahora viajo en tren
en dirección a un país áspero y blanco.

Una máscara de gas
me llama desde el otro lado del reino.

2

I leave the last memory behind,
And my old skin with it.
I'm now traveling by train
Towards a rough, white land.

A gas mask
Is calling me from the other side of the kingdom.

A thick fur comes out of my skin.

3

En el bosque de pinos
un madero humeante
sostiene el fuego:
resiste los meses de nieve.

Temo decir su nombre.
Lo reconozco,
miro sus ojos antiguos.

3

In the pine forest
A smoking timber
Holds the fire:
It withstands the snowy months.

I'm afraid to say its name.
I recognize it,
I look into its ancient eyes.

4

Una casa derrotada.

Escucho los gemidos
de un animal preñado.

4

A defeated house.

I hear the groans
Of a pregnant animal.

5

Un pájaro muerto
sobre una sábana de hojas amarillas.
A su lado, unos zapatos viejos
abandonados al frío.

Parece que me hubieran invitado
a morir aquí,
a cantar desde el fondo
una serenidad intraducible.

5

A dead bird
On a sheet of yellow leaves.
At its side, some old shoes
Abandoned to the cold.

It seems as if I were invited
To die here,
To sing, from the bottom,
An untranslatable serenity.

6

El cernícalo emigra
a los palacios de la luz.

Desciende con escarcha en el pico,
y una liebre en sus garras.

Las montañas Rhön
oyen su grito de combate,

las mansas bestias esperan y temen.

6

The kestrel emigrates
To the palaces of light.

It descends with frost on its beak,
And a hare in its claws.

The Rhön Mountains
Hear its battle cry,

The meek beasts wait and fear.

7

El marinero naufraga
en los acantilados.

Descalzo sobre una piedra,
ve cómo un oso pardo
caza salmones.

Moribundo,
busca compasión
en los ojos de la fiera.

7

The sailor shipwrecks
Against the cliffs.

Barefoot on a stone,
He sees how a grizzly bear
Fishes for salmons.

While dying,
He looks for compassion
In the eyes of the beast.

8

Ahogo un canto negro,
intenta salir, pero no tiene idioma,
agua turbia brota de mi boca:
se expande como un río
a través de la tierra
por la que perdí la lengua.

8

I choke back a black song,
It tries to get out, but it has no language,
Murky water gushes out of my mouth:
It grows like a river
Across the land
For which I lost my tongue.

9

Escalo la cumbre de la montaña Mönch.
Encuentro un fraile congelado en la gruta.
En su bolsillo hay un papel escrito:

He subido sin equipos, no regresaré.
Déjame dormir vestido de blanco.

Robo su papel y continúo…
busco mi propia gruta.

9

I climb to the top of Mount Mönch.
I find a frozen monk inside a cave.
There's a paper in his pocket with something
                                      written on it:

I've come up without gear; I'm not going back.
Let me sleep dressed in white.

I steal the piece of paper from him and keep on going. . .
I'm looking for my own cave.

10

Durante largos años
hablé solo con las paredes
acerca de las ruinas de la palabra.

El dolor me golpeó la lengua
y olvidé mi nombre.

Cuando se descongeló la gota
suspendida en el marco de la puerta,
ya no tenía rostro.

En este nacer, desaparezco y danzo.

10

For many years
I only spoke to the walls
About the ruins of the word.

Pain hit my tongue
And I forgot my name.

When the drop hanging
From the door frame melted,
I had no face anymore.

In this birth, I disappear and dance.

11

El niño alcanzó,
después de atravesar
el bosque,
a la ardilla de los sueños.

Ella lo miró, justo después
de que la trampa
mordiera su pie.

11

After crossing the forest,
The child reached
The squirrel
Of his dreams.

It looked at him, right
After the trap
Bit its foot.

12

Siempre que en la represa norte
se aviene la tormenta,
en una galería subterránea
cuatro castores rodean
el esqueleto de su madre.

Nunca se sale de casa;
tampoco se regresa a ella.

12

Whenever the storm's about
To break over the north dam,
Four beavers surround
The bones of their mother
In an underground tunnel.

You never leave your home;
You never come back to it either.

13

Hace días
no veo mi rostro en el espejo.
Imagino: soy caballo.

Perseguido, llevo astillas en la crin,
espantado, traigo presagios.

13

I haven't seen my face
In the mirror for days.
I fantasize: I'm a horse.

I'm being chased, I carry splinters
In my mane; terrified, I'm bringing omens.

14

A orillas del Elba, donde aún no ha amanecido,
agoniza una liebre rodeada de hormigas.
Lanza un gemido que desuella el tiempo.

14

On the banks of the Elbe, before dawn,
A hare is dying surrounded by ants.
It lets out a wail that tears the skin of time.

15

Sobre la piel del barco
está dibujado el mar de los mercantes;
su óxido grita viejos nombres.

Mientras el hongo
se pudre en tus orificios,
arrástrate a esta fría esperanza.

15

The sea of merchants is drawn
On the skin of their vessel;
Its rust calls out ancient names.

While the sea anemone
Rots in your body openings,
Crawl until you reach
This cold hope.

16

La luz se deja ver
en el interior de la casa:
la chimenea está encendida,
y dos niños juegan con un lazo,
mientras el buitre los acecha.

En la noche vuelve a mirarlos
desde el otro lado de su frío;
con devoción y sed, se atraganta.

16

Lights are on
Inside the house:
Logs are burning in the fireplace,
And two children play with a lariat,
While the vulture lies in wait.

In the evening, it looks at them again
From the other side of its cold;
It chokes up with fervor and thirst.

17

Salí a caminar descalzo
sobre la playa congelada.

Una gaviota increpó mi nombre,
me acusó de apoderarme de la pesca.

Como si tuviera que pedir perdón
por un instante de reposo.

Escapo,
me persigue
una bandada por la orilla.

17

I went out barefoot for a walk
On the frozen beach.

A seagull called down my name,
Accusing me of taking over the fishing,

As if I had to apologize
For a moment of rest.

I run away:
A flock's chasing
Me along the beach.

18

El viento tambalea la bicicleta al borde del río.
No hay tregua en el vaivén de la tempestad.
La niña cae, con su sangre se lastima la mañana.

18

The wind reels my bike on the riverbank.
There's no respite from the sway of the thunderstorm.
The girl falls: she hurts the morning with her blood.

19

La loba juega con su camada,
la revuelca en la primavera.
Me acerco y muestran sus dientes.

Comienzo a temblar:
¿Qué es? ¿Frío o asombro?
Para mí, el gozo yace al acecho.

19

The wolf plays with her litter,
She rolls it over in the spring.
I come closer, and they show their teeth.

I begin to shake:
What is it? Cold or astonishment?
For me, joy is lying in wait.

20

Llega la mañana después de los truenos;
afuera hay troncos partidos y vidrios quebrados.
Mi perro se escapó asustado,
nadie tiene noticia de su color marrón.

Un enano en el mercado sabe de él, me dicen.
Es un saltimbanqui montado en una mesa.
Me pide algunas monedas para confesar:
esos animales hacen parte de otros animales,
explica tras la máscara.

Pero él, le reparo,
es del tamaño de un caballo.
¡Ah! ¿Ese?, me contesta,
y me muestra el fondo de una olla,
restos de una sopa que acaba de comerse.

20

Morning has broken after the thunders;
Outside, there are fallen trees and broken glass.
My dog ran away, terrified;
No one has any news of its brown color.

A dwarf in the market knows where my dog is, they tell me.
He's an acrobat on top of a table.
He asks me for some coins for his confession:
Those animals become part of other animals,
He explains behind his mask.

But he's as big as a horse,
I object.
Oh! That one? he said,
Showing me the bottom of a pot,
Leftovers of a soup he's just eaten.

21

Despierto junto al río,
el disparo aún quema mi garra.

Mi cazador ha caído
a un remolino.

Tiemblo sobre la orilla:
¿no ha sido mi vocación
morir por otro?

21

I wake up on the riverbank,
The shot still burns my claw.

My hunter has fallen
Into a whirlpool.

I'm shaking on the bank:
Hasn't my vocation been
To die instead of someone else?

22

Escribo sobre el agua
en el reino de la lluvia.

22

I write on the water
In the kingdom of rain.

23

Un gato espía por la hendija
a una mujer que se corta
la lengua en trozos
con una cuchilla oxidada.

El miedo también se dice sin lengua:
algún día podrá gritarse

23

A cat spies through the crack
On a woman who's cutting
Her tongue in small pieces
With a rusty blade.

Fear is also transmitted without a tongue:
One day, we'll be able to scream it.

24

Una cabra corre sin destino,
se rasca la cabeza
contra un mástil.

Ha partido la última balsa:
deja huellas en el mar.

24

A goat's running aimlessly,
It scratches its head
Against a mast.

The last raft has left:
It leaves its wake on the sea.

25

Las polillas juegan
dentro de la chimenea ardiendo.

Los libros que una vez leí
me interpelan desde otra lengua.

Las tropas se agitan afuera,
un soldado me toma del brazo;
quiero quedarme.

25

Moths are playing
Inside the burning hearth.

The books I once read
Question me in another language.

The troops are getting restless outside,
A soldier takes me by the arm;
I'd like to stay.

26

Para llegar al país de las palabras
tuve que dar un largo giro
hacia el interior del duelo
donde la vela se enciende
e invoca un sol muerto:
saberme desaparecido,
dispuesto a perder la boca.

26

To get to the land of words
I had to take a long turn
Toward the insides of mourning
Where the candle lights up
And calls upon a dead sun:
To know that I've been missing,
Willing to lose my mouth.

27

El cachorro pierde a su manada
después de la cacería de las escopetas.
Nunca volverá a jugar con sus hermanos,
ha perdido todo rastro y muere su nombre.
Tiene que aprender un nuevo idioma,
en el que sólo existe la palabra desierto.

Un habla sin vocales, un susurro, un aullido,
la morada de la lluvia,
donde habita el origen de la risa
y corretea una muñeca secuestrada.

27

The puppy loses its pack
After the shotgun hunt.
It'll never play with its siblings again,
It has lost all the trails, and its name is dying out.
It must learn a new language
That has only one word: Desert.

A speech without vowels, a whisper, a howl,
The abode of the rain,
Where the origin of laughter dwells
And a kidnapped doll is scampering off.

28

Golpea el cuervo mi puerta con su pico,
trae el sabor de un mensaje:

La noche en que te devoró el pantano,
tu hijo, asomado al agua,
tocaba la flauta de los desaparecidos.

28

The crow knocks on my door with its beak,
Bringing the flavor of a message:

The night in which the swamp guzzled
Your son, peeking from the water,
Was playing the flute of the disappeared.

29

La oscuridad me llevó
a invocar el hada desnuda.

La encontré violada,
abrazada a los árboles antiguos
y cantando sortilegios.

29

Darkness led me
To invoke the naked fairy.

I found her raped,
hugging ancient trees
and singing sortileges.

30

El guardabosque sin brazos
golpea con sus pómulos la borrasca,
se deja acontecer de la violencia
con lo único que tiene a mano:
sus ganas de tocar, su grito.

30

The armless forest ranger
Hits the storm with his cheekbones,
He allows violence to happen to him
With the only thing he has on hand:
His desire to touch, his cry.

31

El lince migra
a la montaña rocosa
para escapar del disparo.

Se revuelca en el lodo.
Sepulta su olor a huérfano.

Sangra, no se lamenta.
Él siempre habita la otra orilla.

31

The lynx migrates
To the rocky mountain
To escape from the shot.

It wallows in the mud.
It buries its orphan's smell.

It's bleeding, it doesn't complain.
It always inhabits the other bank.

32

Acá no llueven piedras.
La pérdida de mis ojos
revela otras presencias,
sólo queda el frío
en el país de las palabras rotas.

32

Stones don't rain here.
The loss of my eyes
Reveals other shapes,
Only the cold remains
In the land of broken words.

33

Una muchacha escupe
ante los prestamistas,
y sigue su camino.

Cierra los ojos y salta al río:
llega a otra orilla,
donde se celebra el fuego.

33

A girl spits
To lenders
And goes her way.

She closes her eyes and jumps into the river:
She reaches the opposite bank,
Where fire is being celebrated.

II
Ruta al fuego

Road to Fire

34

La metralla quiebra
los cristales del templo.
Una estatua cae y se parte.

La niña se tira al piso
y la cubro con mi cuerpo.

Confío en que mi susurro
pueda salvarnos de esta lluvia.

Mas soy incapaz de hablarle:
mi lengua siente en otra lengua.

34

The shrapnel breaks
The stained glasses of the temple.
A statue falls and shatters.

The girl throws herself on the floor
And I cover her with my body.

I hope that my whisper
Can save us from this rain.

However, I dare not talk to her:
My tongue feels in another tongue.

35

Acompañados por águilas,
los contadores de historias
deambulan por mi mapa,
recorren la tierra

35

Accompanied by eagles,
The storytellers
Wander around my map,
They roam the land
Of dead tongues.

36

Una huella se congela sobre la nieve roja.

Su garra ha caído en la trampa.
Aúlla, ha quedado atrás,
y se hunde en el fango.

Su hermano se echa a su lado,
esperan que pase la ventisca
y puedan continuar la huida.

36

A footprint freezes over the red snow.

Its claw has fallen into the trap.
It howls, it has been left behind,
And it sinks into the mire.

Its sibling lies down at its side,
They're waiting for the blizzard to stop
So they can keep on fleeing.

37

Y los hombres eran la palabra,
las palabras eran los hombres:
allá, en las montañas de la luz.

37

And men were the word,
And the words were men:
Yonder, in the mountains of light.

38

Un niño orina sobre un tronco,
trata de agarrar el vapor,
se moja los dedos.

Un pájaro sin alas
se ríe desde una rama:
¿Persigues la verdad?
Ella siempre está cayendo.

38

A child pees on a log,
He tries to grab the steam,
His fingers get wet.

A wingless bird
Laughs from a branch:
Are you in pursuit of the truth?
It's always falling.

39

Se me reveló cuando perdí
el instante de temblar a su lado:

el amor tiene
el nombre de mi abuela,
desnuda bajo la noche.

39

It was revealed to me when I missed
The chance of trembling next to it:

Love has
My grandmother's name—
Naked in the shroud of night.

40

Un punto blanco al anochecer:
el despertar de la lechuza.

40

A white spot at dusk:
The owl's awakening.

41

El presidiario se levanta
antes del alba.
Desde su claraboya
mira las copas de la Selva Negra.

Escucha aullidos a lo lejos.

Escribe sobre la pared
su nombre.
Luego lo borra y grita:

llaman al baile.

41

The inmate gets up
Before dawn.
He observes the treetops of the Black
Forest through his vault light.

He hears howls in the distance.

He writes his name
On the wall.
Then, he erases it and shouts:

They're calling us out to the dance.

42

Un anciano ve nevar desde su ventana,
observa a una gata dando a luz
en el pórtico de la iglesia.

Es la belleza
de saberse abandonado.

42

An old man watches the snow fall from his window,
He looks at a cat giving birth
On the atrium of the church.

It's the beauty of knowing
We've been abandoned.

43

Cae una lluvia espesa,
la casa es una fogata viva:

el amor arde entre los dedos.

43

A thick rain is falling,
The house is a living bonfire:

Love burns between the fingers.

44

La nevada cubrió las vías del tren
y mi aldea quedó aislada por semanas.

Huele a leña húmeda
y se tiznan las paredes.

Cavo un túnel con mi pala
en el montículo de frío.
Entro allí y enciendo una vela.
Abro el manuscrito
e invoco a las abejas.

44

The snowfall covered the railroad tracks
And my village was cut off for weeks.

It smells like wet wood, and the walls
Are getting stained with soot.

I dig a tunnel with my shovel
Through the cold mound.
I go inside and light a candle.
I open the manuscript
And call on the bees.

45

La nutria danzó toda la noche
ante el deseo de mi lente.

Fotografié cada quietud,
cada magistral paso fue revelado.

Se marchó nadando.
Las palabras se sumergieron en la imagen.
Yo, en lo que no pude decir.

45

The otter danced all night
Before my lens' desire.

I photographed every stillness,
Every masterful step was revealed.

It swam away.
The words sank into the image;
I, into what I was not able to tell.

46

Soporta en sus plumas
las gotas de la brisa.
El pájaro canta y cae.

Es el último que viaja
en la peregrinación del miedo.

Llora con desapego,
sabe que la vida vuelve
a copular consigo misma.

46

It endures the breeze's
Raindrops on its feathers.
The bird sings and falls.

It's the last one to migrate
In the long journey into fear.

It weeps with aloofness,
It knows life mates
Once again with itself.

47

Animales que sólo existen en la noche
husmean cerca de mi campamento.

Saben de mi castigo
y se revuelcan en mis olores.

Me protegen del cazador sin pelo
y las huellas desaparecen al amanecer.

Sus formas son impenetrables.
Desde entonces soy parte de su territorio.

47

Nocturnal animals sniff
Around, close to my camp.

They know about my punishment
And wallow in my scents.

They protect me from the hairless hunter
And their footprints disappear at dawn.

Their shapes are impenetrable.
I've been part of their territory ever since.

48

Gritan en mí todos los idiomas,
dejan de ser lenguaje,

sólo cicatriz y fiesta.

48

All the tongues yell through me,
They cease to be a language,

Just a scar and a celebration.

49

Un viejo camina río abajo
a alimentar las crías de zorro
que recogió al morir su madre.

Ellas, acorraladas por el tiempo,
hurgan el olor a tabaco del hombre.

Ausencia y encuentro
ligan trampas ineludibles.

49

An old man walks downstream
To feed the fox's litter
He'd taken in when their mother died.

Hunted down by time,
They poke around the man's tobacco smell.

Absence and encounter
Bind inescapable traps.

50

La cabaña oculta en el bosque
escucha el eco de la lluvia
sobre las hojas de los árboles.

Adentro, dos forajidos respiran
al oído del otro, respiran lo otro.

No es que el amor haya hecho
un nuevo descubrimiento,
es que miró dentro de sí,
con ojos de animal sagrado.

Encuentra el anhelo intacto,
el olor a infancia en la carne.

50

Hidden in the forest, the cabin
Listens to the echo of the rain
On the trees' leaves. Indoors,

Two outlaws breathe in each other's
Ear; they breathe the otherness.

It's not as if love had made
A new discovery;
It's that it looked within itself
With a sacred animal's eyes.

It finds the intact longing,
The smell of childhood in the flesh.

51

El barro negro acompaña al olmo,
mientras un haz de luz cae sobre la nieve.

Disertamos sobre las raíces,
pero somos hojas cayendo.

51

The black mud joins the elm tree,
While a beam of light falls on the snow.

We spoke about the roots,
But we're falling leaves.

52

Golpeo mi rostro contra el hielo,
corto uno de mis dedos y bebo la sangre.
Llevo días atrapado en esta montaña.

Escupo tres oraciones al precipicio.

Un San Bernardo huele mis heridas,
desgarra el abrigo y lame mi piel.
Me arrastra por la espalda
hasta un valle donde el agua
es movida por espíritus.

Ignoro qué me hizo tan viejo.
Busqué rebelarme contra la leyenda.

52

I hit my face against the ice,
I cut one of my fingers and drink my blood.
I've been stranded on this mountain for days.

I spit out three prayers into the abyss.

A Saint Bernard sniffs at my wounds,
It tears up my coat and licks my skin.
It drags me on my back
To a valley where water
Is being moved by the spirits.

I know not what made me so old.
I tried to buck against the legend.

53

La bruja de los bosques de Sajonia
se desnudó bajo el fresno.

Cambió mi nombre
y me peinó como a un caballo.

Hoy robo para ella
los niños que encienden
el fuego de la primavera.

53

The witch of the Saxony Forest
Stripped to the skin under the ash tree.

She changed my name
And brushed me as if I were a horse.

Today, I snatch for her
The children who light
The spring fire.

54

Dos jóvenes bailan desnudas
una canción pagana.
Se toman de gancho y giran.
Sus pechos tambalean.

La ley de la aldea decreta que nadie
puede mirar la ceremonia.
Yo, sin embargo, me amparo
detrás de un abedul y observo.

El Danubio lleva la música.
Mis palmas hacen el ritmo.

Las mujeres me descubren,
sonríen y danzan.
A pesar de mi voto
me consagro a este ardor.

54

Two naked young women
Dance to a pagan song. They grab
Each other's arms and go round and round.
Their breasts move up and down.

The village law ordains that no one
Be allowed to watch the ceremony.
And yet, I take shelter
Behind a birch tree and watch.

The Danube carries the music.
I clap out the rhythm.

The women find me out;
They smile and keep on dancing.
Despite my vow,
I devote myself to this fervor.

55

Cierro la puerta de la cabaña
y tiro la llave por el acantilado.

Afuera maldigo el hielo.
Sepulto todo adentro.

Enciendo fuego a las maderas.
El incendio me llama:

camino a lo perdido.

55

I close the cabin door and throw
Away the key down the cliff.

Outside, I curse the ice.
I bury my innermost thoughts.

I set the timber on fire.
The fire is calling me:

I walk towards my loss.

duermo con los ojos abiertos
ante un territorio blanco
abandonado por las palabras.

ANTONIO GAMONEDA

I sleep with my eyes wide open
in front a white territory
forsaken by words.

ANTONIO GAMONEDA

Epílogo

Alguien escribió sobre el agua, sobre los seres del frío, alguien invocó las canciones dormidas de los bosques y nos ofrendó la sangre en las palabras.

El poeta nos traza una ruta, el sendero inicia a través del viento gélido, la leche de la madre deja de fluir y la criatura aprende a cazar. En un desierto blanco aparece la poesía como un bastón luminoso para cruzar el hielo, el hambre muta y lo que anhela el caminante es la distancia, el alumbramiento de lo diferente, la revelación de los mundos interiores. Abre su boca como un lobezno y la noche lo nutre.

Juan escribe sobre el agua, sobre los seres del frío, invoca las canciones dormidas de los bosques y nos ofrenda su sangre. Los lugares en los que transcurre su poesía están poblados de niebla, uno va caminando entre los versos que se van revelando como tímidas flores del fuego, y de pronto el paisaje se hace nítido: nos encontramos de frente ante el dolor, ante el animal desgarrado que es el hombre, ante la mitología que nos sostiene y el idioma que nos narra.

Su poesía cubre con mantos sacros lo anodino, nos señala el camino de las revelaciones naturales: el gotear de la nieve, el renacimiento de la tierra, la intensidad de lo humano, los primeros brotes de lo inerte, el latido salvaje de lo oscuro.

Cada poema es un animal que nos acecha, en cada línea algo observa y corre, no es posible huir. Juan enlaza lo vegetal y lo siniestro, lo sublime y lo putrefacto, la existencia de lo invisible y la fuerza de lo terreno, todo se hila en su país de fragmentos, las palabras se han roto y reflejan el enigma.

Afterword

Someone wrote about the water, about beings from the cold, someone invoked the dormant songs of the forest and offered us blood in words.

The poet draws out a road for us, the path begins through the icy wind, the mother's milk stops flowing, and the child learns to hunt. Poetry comes forth in a white desert like a shining staff to go across the ice, hunger changes and what the wayfarer longs for is the distance, the delivery of what is different, the revelation of the inner worlds. He opens his mouth like a wolf cub, and the night feeds him.

Juan writes about the water, about beings from the cold, he invokes the dormant songs of the forest, and he offers us his blood. The places where his poetry comes about are populated with fog; we walk in between the lines that reveal themselves like bashful flowers from the fire and, suddenly, the landscape comes into focus: we find ourselves confronting the pain, facing the torn open animal that is man, facing the mythology holding us together, and the language that tells our story.

His poetry covers the insubstantial with sacred robes; he shows us the way of natural revelations: the dripping of the snow, the rebirth of the land, the intensity of humanity, the first offshoots from the inert, the unbridled heartbeats of darkness.

Each poem is an animal lying in wait for us, in every line something watches and runs: it is impossible to escape. Juan links the vegetable kingdom to the ominous, the sublime to the putrid, the existence of the invisible to the force of the earthly, everything is spun together in his fragmented land: words have been torn apart, and they mirror the unknown.

El país de las palabras rotas nos recuerda la serenidad y la furia que se agolpan en lo cotidiano. Lo ritual es lo común, la alquimia de la nieve que arde y el fuego blanco. Todos somos fragmentos de la oscura belleza que es el mundo, Juan Esteban nos hace recordarlo.

ALEJANDRA LERMA

The Land of Broken Words reminds us of the serenity and of the fury that come together in everyday life. The ritual is the common thing, the alchemy of the snow that burns, and the white fire. Juan Esteban forces us to remember that we are all fragments of the dark beauty that is the world.

ALEJANDRA LERMA

Acerca del autor

Juan Esteban Londoño. Medellín, Colombia, 1982. Es escritor, poeta e investigador literario.

Ha publicado los libros de investigación *El nacimiento del liberador* (Costa Rica, 2012), *Hugo Mujica: el pensamiento de un poeta en la poesía de un pensador* (Argentina, 2018) y la novela *Evangelio de arena* (Colombia, 2018).

Estudió Filosofía y Maestría en Filosofía en la Universidad de Antioquia (Colombia). Tiene además una Licenciatura y una Maestría en Ciencias Bíblicas en la Universidad Bíblica Latinoamericana (Costa Rica). Actualmente, es candidato a Doctor en Teología en la Universidad de Hamburgo (Alemania) con una disertación sobre la muerte de Jesús en la literatura latinoamericana.

Ha escrito diversos artículos acerca de la relación entre filosofía, literatura y religiones.

Ha participado en diversos proyectos musicales como vocalista y compositor.

Radica actualmente en Hamburgo, Alemania.

ABOUT THE AUTHOR

Juan Esteban Londoño was born in Medellin, Colombia, in 1982. He is a writer, poet and scholar.

He is the author of *El nacimiento del liberador* (The Birth of the Liberator) (Costa Rica, 2012); *Hugo Mujica: El pensamiento de un poeta en la poesía de un pensador* (Hugo Mujica: A Poet's Thought in A Thinker's Poetry) (Argentina, 2018); and the novel *Evangelio de arena* (The Gospel of Sand) (Colombia, 2018).

He has a Bachelor and a Master in Philosophy from the Universidad de Antioquia (Colombia). He also earned a Bachelor and a Master in Bible Studies at the Universidad Bíblica Latinoamericana (Costa Rica). Currently, he is pursuing a Ph.D. in theology at the University of Hamburg, Germany. His dissertation focuses on the death of Jesus in Latin American Literature (or the title of his dissertation is The Death of Jesus in Latin American Literature).

He has written several articles on the relationship between philosophy, literature and religions and also has taken part in diverse musical projects as a vocalist and composer.

He lives in Hamburg.

ÍNDICE

EL PAÍS DE LAS PALABRAS ROTAS

Prólogo • 10

I. Mapas de frío • 14

1 • 16
2 • 18
3 • 20
4 • 22
5 • 24
6 • 26
7 • 28
8 • 30
9 • 32
10 • 34
11 • 36
12 • 38
13 • 40
14 • 42
15 • 44
16 • 46
17 • 48
18 • 50
19 • 52
20 • 54
21 • 56

CONTENTS

THE LAND OF BROKEN WORDS

Foreword • 11

I. Maps of the Cold • 15

1 • 17
2 • 19
3 • 21
4 • 23
5 • 25
6 • 27
7 • 29
8 • 31
9 • 33
10 • 35
11 • 37
12 • 39
13 • 41
14 • 43
15 • 45
16 • 47
17 • 49
18 • 51
19 • 53
20 • 55
21 • 57

22 • 58
23 • 60
24 • 62
25 • 64
26 • 66
27 • 68
28 • 70
29 • 72
30 • 74
31 • 76
32 • 78
33 • 80

II. Ruta al fuego

34 • 84
35 • 86
36 • 88
37 • 90
38 • 92
39 • 94
40 • 96
41 • 98
42 • 100
43 • 102
44 • 104
45 • 106
46 • 108
47 • 111
48 • 113
49 • 115

22 • 59
23 • 61
24 • 63
25 • 65
26 • 67
27 • 69
28 • 71
29 • 73
30 • 75
31 • 77
32 • 79
33 • 81

II. Road to Fire

34 • 85
35 • 87
36 • 89
37 • 91
38 • 93
39 • 95
40 • 97
41 • 99
42 • 101
43 • 103
44 • 105
45 • 107
46 • 109
47 • 110
48 • 112
49 • 114

50 • 116
51 • 118
52 • 120
53 • 122
54 • 124
55 • 126

Epílogo • 130

Acerca del autor • 136

50 • 117
51 • 119
52 • 121
53 • 123
54 • 125
55 • 127

Afterword • 131

About the Author • 137

Colección
MUSEO SALVAJE
Poesía latinoamericana
(Homenaje a Olga Orozco)

1
La imperfección del deseo
Adrián Cadavid

2
La sal de la locura / Le Sel de la folie
Fredy Yezzed

3
El idioma de los parques / The Language of the Parks
Marisa Russo

4
Los días de Ellwood
Manuel Adrián López

5
Los dictados del mar
William Velásquez Vásquez

6
Paisaje nihilista
Susan Campos-Fonseca

7
La doncella sin manos
Magdalena Camargo Lemieszek

8
Disidencia
Katherine Medina Rondón

9
Danza de cuatro brazos
Silvia Siller

10
Carta de las mujeres de este país / Letter from the Women of this Country
Fredy Yezzed

11
El año de la necesidad
Juan Carlos Olivas

12
El país de las palabras rotas / The Land of Broken Words
Juan Esteban Londoño

13
Versos vagabundos
Milton Fernández

14
Cerrar una ciudad
Santiago Grijalva

15
El rumor de los duraznos
Linda Morales Caballero

16
La canción que me salva / The Song that Saves Me
Sergio Geese

17
El nombre del alba
Juan Suárez

18
Tarde en Manhattan
Karla Coreas

19
Un cuerpo negro / A Black Body
Lubi Prates

20
Sin lengua y otras imposibilidades dramáticas
Ely Rosa Zamora

21
El diario inédito del filósofo vienés Ludwig Wittgenstein /
Le Journal Inédit Du Philosophe Viennois Ludwig Wittgenstein
Fredy Yezzed

22
El rastro de la grulla / The Crane's Trail
Monthia Sancho

23
Un árbol cruza la ciudad / A Tree Crossing The City
Miguel Ángel Zapata

24
Las semillas del Muntu
Ashanti Dinah

25
Paracaidistas de Checoslovaquia
Eduardo Bechara Navratilova

Colección
TRÁNSITO DE FUEGO
Poesía centroamericana y mexicana
(Homenaje a Eunice Odio)

1
41 meses en pausa
Rebeca Bolaños Cubillo

2
La infancia es una película de culto
Dennis Ávila

3
Luces
Marianela Tortós Albán

4
La voz que duerme entre las piedras
Luis Esteban Rodríguez Romero

5
Solo
César Angulo Navarro

6
Échele miel
Cristopher Montero Corrales

7
La quinta esquina del cuadrilátero
Paola Valverde

Colección
PIEDRA DE LA LOCURA
Antologías personales
(Homenaje a Alejandra Pizarnik)

1
Colección Particular
Juan Carlos Olivas

2
Kafka en la aldea de la hipnosis
Javier Alvarado

3
Memoria incendiada
Homero Carvalho Oliva

4
Ritual de la memoria
Waldo Leyva

5
Poemas del reencuentro
Julieta Dobles

6
El fuego azul de los inviernos
Xavier Oquendo Troncoso

7
Hipótesis del sueño
Miguel Falquez-Certain

8
Juntamente
Ricardo Yañez

Colección
LABIOS EN LLAMAS
Poesía emergente
(Homenaje a Lydia Dávila)

1
Fiesta equivocada
Lucía Carvalho

2
Entropías
Byron Ramírez Agüero

3
Reposo entre agujas
Daniel Araya Tortós

***

Colección
SOBREVIVO
Poesía social
(Homenaje a Claribel Alegría)

1
#@nicaragüita
María Palitachi

***

Colección
MEMORIA DE LA FIEBRE
Poesía de género
(Homenaje a Carilda Oliver Labra)

Colección
LOS PATIOS DEL TIGRE
Nuevas raíces – Nuevos maestros
(Homenaje a Miguel Ángel Bustos)

1
Fragmentos Fantásticos
Miguel Ángel Bustos

2
En este asombro, en este llueve
Antología poética 1983-2016
Hugo Mujica

3
Ceremonias de la sed
Mery Yolanda Sánchez

4
Bostezo de mosca azul
Álvaro Miranda

Colección
MUNDO DEL REVÉS
Poesía infantil
(Homenaje a María Elena Walsh)

1
Amor completo como un esqueleto
Minor Arias Uva

***

Colección
PARED CONTIGUA
Poesía española
(Homenaje a María Victoria Atencia)

1
La orilla libre
Pedro Larrea

***

Colección
CRUZANDO EL AGUA
Poesía traducida al español
(Homenaje a Sylvia Plath)

1
La luna en la cúspide de mi mano

Para los que piensan, como Franz Kafka, que escribir es una forma de plegaria, este libro se terminó de imprimir simultáneamente en el mes de diciembre de 2019 en los Estados Unidos de América; en Buenos Aires, en Abisinia Editorial; y en Bogotá, en los talleres de Imagen Editorial, en papel bulky de 59.2 g. y tipografía Garamond, con un tiraje de 300 ejemplares.

www.ingramcontent.com/pod-product-compliance
Lightning Source LLC
Chambersburg PA
CBHW030116170426
43198CB00009B/637